LOS NIÑOS Y LA CIENCIA

Los ciclos de vida

Las Plantas

Aaron Carr

www.av2books.com

El enriquecido libro electrónico AV² te ofrece una experiencia bilingüe completa entre el inglés y el español para aprender el vocabulario de los dos idiomas.

This AV² media enhanced book gives you a fully bilingual experience between English and Spanish to learn the vocabulary of both languages.

Spanish **English**

Navegación bilingüe AV²
AV² Bilingual Navigation

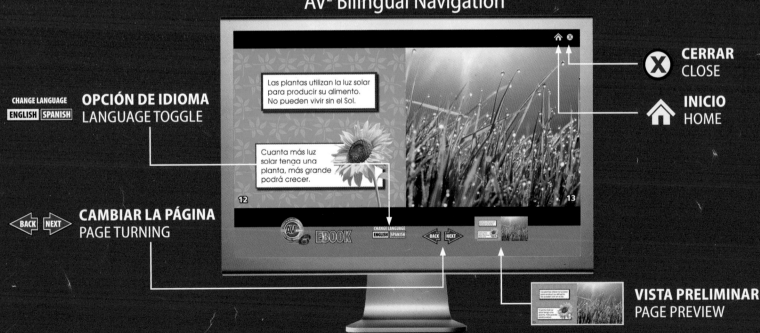

CHANGE LANGUAGE
ENGLISH SPANISH

OPCIÓN DE IDIOMA
LANGUAGE TOGGLE

CAMBIAR LA PÁGINA
PAGE TURNING

CERRAR
CLOSE

INICIO
HOME

VISTA PRELIMINAR
PAGE PREVIEW

Las plantas utilizan la luz solar para producir su alimento. No pueden vivir sin el Sol.

Cuanta más luz solar tenga una planta, más grande podrá crecer.

LOS NIÑOS Y LA CIENCIA

Los ciclos de vida

Las Plantas

CONTENIDO

Todas las plantas comienzan su vida, crecen y crean más plantas. A esto se le llama ciclo de vida.

Las plantas comienzan su vida como semillas. Las semillas necesitan mucha agua. Esto les ayuda a crecer como plantas sanas.

Algunos tipos de semillas brotan y comienzan a crecer después de una o dos semanas. Otros tipos pueden tardar unos meses en brotan.

Cuando una semilla brota, se le llama plantas de semillero.

Las plantas de semillero necesitan luz solar y agua para crecer. El tallo crece más alto y las raíces se hacen más largas.

Las hojas también comienzan a crecer desde el tallo.

Las plantas utilizan la luz solar para producir su alimento. No pueden vivir sin el sol.

Cuanta más luz solar tenga una planta, más grande podrá crecer.

13

14

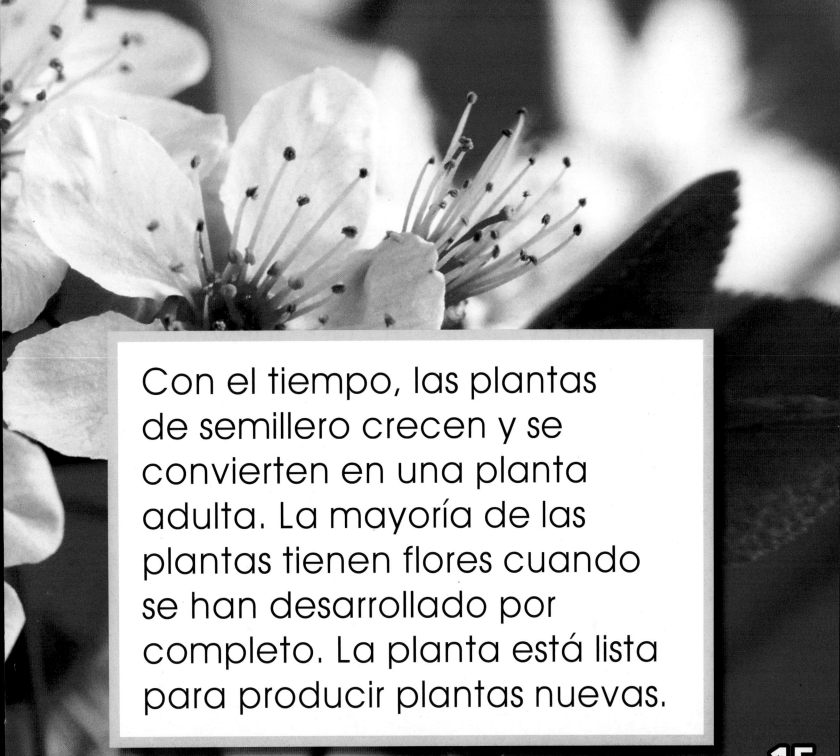

Con el tiempo, las plantas de semillero crecen y se convierten en una planta adulta. La mayoría de las plantas tienen flores cuando se han desarrollado por completo. La planta está lista para producir plantas nuevas.

Las plantas producen semillas cuando florecen. Dispersan sus semillas para producir plantas nuevas. Luego, el ciclo de vida comienza de nuevo.

Algunas plantas dispersan sus semillas con el viento.

Cada planta tiene sus propias características. Éstas pueden ser el tamaño, el color o la forma. Las plantas transmiten sus características a través de sus semillas. Es por esto que la semilla de un tulipán se convertirá en otro tulipán.

19

20

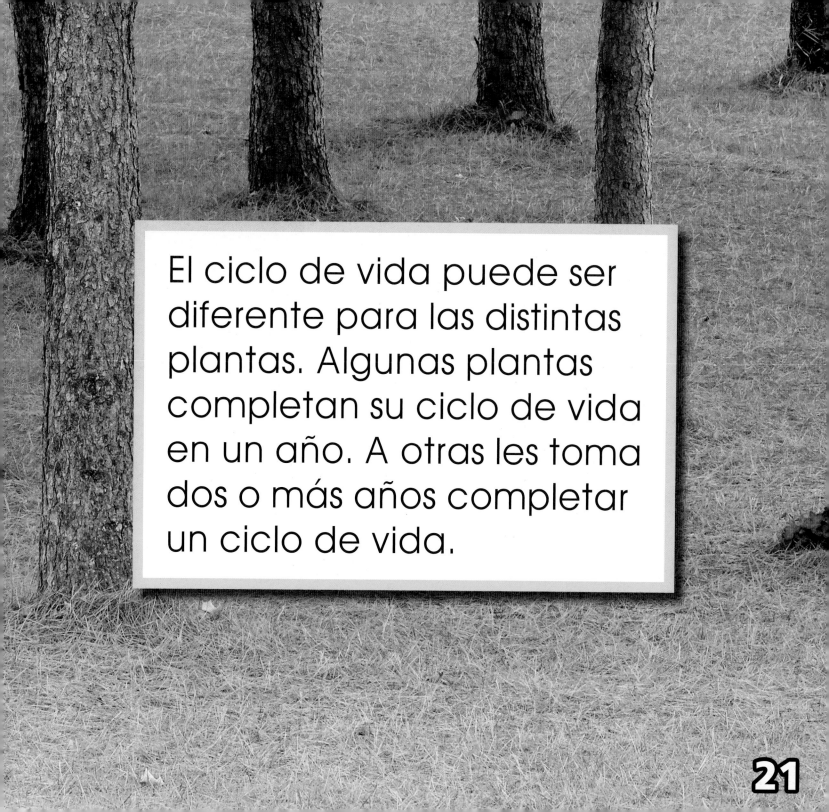

El ciclo de vida puede ser diferente para las distintas plantas. Algunas plantas completan su ciclo de vida en un año. A otras les toma dos o más años completar un ciclo de vida.

Cuestionario sobre los ciclos de vida

Evalúa tus conocimientos acerca de los ciclos de vida de las plantas mediante este cuestionario. Observa estas fotos. ¿Qué etapa del ciclo de vida puedes ver en cada imagen?

¡Visita www.av2books.com para disfrutar de tu libro interactivo de inglés y español!

Check out www.av2books.com for your interactive English and Spanish ebook!

1 **Entra en www.av2books.com**
Go to www.av2books.com

2 **Ingresa tu código**
Enter book code

S 845860

3 **¡Alimenta tu imaginación en línea!**
Fuel your imagination online!

www.av2books.com

Published by AV² by Weigl
350 5th Avenue, 59th Floor New York, NY 10118
Website: www.av2books.com   www.weigl.com

Copyright ©2015 AV² by Weigl
All rights reserved. No part of this publication may be reproduced, stored in a retrieval system, or transmitted in any form or by any means, electronic, mechanical, photocopying, recording, or otherwise, without the prior written permission of Weigl Publishers Inc.

Library of Congress Control Number: 2014933374

ISBN 978-1-4896-2204-4 (hardcover)
ISBN 978-1-4896-2205-1 (single-user eBook)
ISBN 978-1-4896-2206-8 (multi-user eBook)

Printed in the United States of America in North Mankato, Minnesota
1 2 3 4 5 6 7 8 9 0 18 17 16 15 14

042014
WEP280314

Project Coordinator: Jared Siemens
Spanish Editor: Translation Cloud LLC
Art Director: Terry Paulhus

Every reasonable effort has been made to trace ownership and to obtain permission to reprint copyright material. The publishers would be pleased to have any errors or omissions brought to their attention so that they may be corrected in subsequent printings.

Weigl acknowledges Getty Images as the primary image supplier for this title.